La magia de la poesía

La magia de la poesía

ANGEL GONZÁLEZ

Querido lector puedes contactar al autor de *La magia de la poesía* mediante:
sebastiangel633@gmail.com
Facebook (Angel González)
Snapchat (dreamerndreams)
Instagram (sabygonzalezlopez1)

Diseño e imagen portada: Armando Zamarroni
Imagen interior: Alicia Alarcón
Primera edición: Junio, 2022
Servicios editoriales: Pinar Publisher
Impreso en Los Estados Unidos de América
ISBN: 978-0-578-38158-9

A mi madre Benita, a mi hermana Verónica

Agradecimientos

Doy gracias a Dios por el tiempo de vida que me ha dado, mi existencia en la tierra me ha dado grandes experiencias.
He conocido gente que me ama, a las cuales amo con todo mi corazón.
Gracias a mi familia. En especial, gracias a mi madre Benita López y a mi hermana Verónica González, que siempre están conmigo no importa lo que pase; a ellas dedico este libro.
Doy gracias a Dios por darme la oportunidad de desarrollar este don, para así mostrar mi amor al mundo por medio de la poesía.
Doy gracias a mis amistades que se convirtieron en mi familia, que, si bien no pueden estar en todos mis momentos difíciles, siempre están en mis momentos más felices.

Índice

INTRODUCCIÓN
Palabras del autor desde el sentimiento

Amor

El amor es el sentimiento más hermoso que Dios me pudo regalar, se dice tan simple, pero se requiere estar sincronizado con el alma para poder disfrutar de ese sentimiento a plenitud, sin que nada lo enturbie ni deje maltrecho aun cuando por azares de la vida el amor convertido en tristeza toque a la puerta.

Cuando estás enamorado todo tiene color, un arcoíris repleto de coloridos destellos se abre ante los ojos, y la vida adquiere un sabor diferente.

Enamorarme de la persona con la que yo siempre soñé va más allá de lo inexplicable, es una emoción que llena mi corazón de gozo.

El amor ha despertado en mí una magia que recorre todo mi cuerpo, que se puede distinguir en la alegría de mis ojos y en la dulzura de mi sonrisa.

Al despertar cada mañana y pensar en ella; el verla junto a mi cada día y aun así extrañarla, el amarla envuelto en el

silencio de los besos: ¡eso es hermoso! Es amor.
¡El amor, lo puedo ver y sentir! Lo veo cuando el viento en un susurro le dice a la flor de mi jardín «te amo» o cuando en roce ligero despeina el cabello de alguna mujer y luego seduciéndola con su música de viento, con su delicadeza le regala una sonrisa y le promete regresar.
Beber del elixir del amor es detenerte por unos segundos, respirar y sentir la naturaleza en el canto de los pájaros como si recitaran un poema para ti. Es sentir cómo la lluvia incondicional se conecta con el latido del corazón para celebrar el amor por la vida.

Mi madre

Ella me enseñó lo qué es amar. Su paciencia y regaños estuvieron ahí para mí, con amor. Siempre a mi lado, en los buenos y en los malos momentos, con esa bondad infinita que desde el corazón fluye plena.
Por amor construyo campos de luces para en un beso y al roce de tus dedos volar y sentirme como viajero celeste entre las nubes.
El amor es donde puedo hacer lo que siento, es amarme y respetarme.

Amar a Dios

Amar a Dios es amar a mi familia y amar al mundo por igual. Cada uno de nosotros puede albergar más de un amor en su corazón y eso nos hace sentirnos plenos, en armonía con el universo y en especial con nosotros mismos.
Amo la escritura porque me permite expresar en letras mis sentimientos.

El baile porque más allá del ritmo y del movimiento es la historia de los cuerpos contada en conexión con la música.
Y la música porque alimenta mi alma.
Amo a Dios. Su amor siempre está conmigo para amarme y protegerme.
Soy el amor. Soy el amor. ¡Yo soy el amor!

Pasión

Vehemente sentimiento, capaz de dominar la mente y la razón, que abre las puertas del deseo, de amar y de entregarse al ser amado.
Que nos permite crear y crecer, construir sueños y vencer obstáculos. Es lo que me impulsa a escribir, a levantarme cada día y avanzar en cada uno de mis proyectos.

Imaginación

Mis sueños, lo que quiero en la vida forman parte de mi imaginación; de lo que creo posible puedo y podemos alcanzar para hacer de este mundo un mejor lugar para vivir.
Siempre me he imaginado ayudando a otras personas a conseguir sus metas. Y me levanto cada día con ese propósito. Tú también puedes ayudar a otros. Tú también puedes alcanzar tus objetivos. Siéntete libre y no te pongas límites ni siquiera en la adversidad. Imagina y construye tus sueños con ahínco, confiando en ti y tu resolución de vida. El poder está en ti.

No te pongas límites

Yo descubrí que no tengo límites porque si lo deseo, lo quiero y lo hago. Con amor, todo es posible, lo único que

nos detiene es el límite creado por uno mismo.
Mi familia, mis amigos creen en mí, me apoyan. Dios ha puesto en mi camino mentores que me guían para hacer de mí una mejor persona. Dios está conmigo siempre.

El ser libre
Creo en mí y entonces disfruto de mi libertad. Me siento libre. Tengo la confianza necesaria para seguir adelante con todos y cada uno de mis proyectos de vida.
La libertad está en la voluntad de crecer y de hacer el bien, en la satisfacción de amar lo que se hace. Está en el respeto a uno mismo y a los demás, en la aceptación del ser único e irrepetible que uno es, en recibir la crítica no como una ofensa sino como el camino que se ha de andar para salir adelante y transformarse en una mejor versión de uno mismo.

El desamor
Me han rechazado, no me han amado como tal vez esperaba… Cuando eso sucede un sentimiento de tristeza se apodera del alma y no nos deja mirar más que el vaso vacío. Hoy puedo decir que he aprendido a caerme y a levantarme, a volverme a caer y aunque duela me he vuelto a levantar con más brío y lo seguiré haciendo hasta el final de mis días. Porque esa es la vida un constante aprendizaje en el que cada caída representa una enseñanza que nos hace mucho más fuertes y nos colma de experiencia.
Ya no me desilusiono, agradezco, aprendo de mis decisiones y las transformo en reflexiones positivas, reencontrándome conmigo, con mis anhelos y sueños.

El encuentro conmigo mismo

Todo lo bueno y lo malo ese soy yo. Mis virtudes y mis fracasos, ellos hacen de mí una mejor persona.

El haberme equivocado me ha hecho más fuerte porque en ese proceso he sido capaz de entender y aceptar mis errores.

Cuando uno se encuentra a sí mismo y es capaz de reconocer sus fortalezas y debilidades entonces el camino es menos agrio y se avanza.

Saber quién soy ha puesto en mis manos un escudo de amor y una espada para enfrentar la batalla de la vida.

En cada batalla perdida salgo vencedor y con cada batalla ganada me hago más fuerte porque de las dos aprendo y me hago inmortal a las caídas.

Inmortalidad

Si acaso consigo dejar una huella en tu corazón entonces me habría convertido en inmortal. Y es que la inmortalidad es esa huella que vamos dejando en otros a nuestro paso por la vida. Ojalá y este libro permita establecer entre nosotros una conexión de sentimientos que trascienda al ámbito de la reflexión; y nos convierta a ambos a ti y a mí, amigo lector, en mejores seres humanos. Necesitamos de eso, de mejores seres humanos por y para el bien de todos. Con ello perpetuaríamos lo mejor de nosotros y haríamos que desde el corazón se erija un mundo mejor.

Angel González
Autor

PRÓLOGO DE LA EDITORIAL

Con el alma al descubierto llega *La magia de la poesía*, un texto en el que desde la imaginación su autor, Angel González, nos transporta al subconsciente, en ocasiones de las voces que toma prestadas, en otras desde su propia experiencia de vida; siempre desde el deseo de la virtud, desde el deseo de plasmar en blanco y negro la efímera; y a veces maltrecha existencia de lo humano.

Angel González crea en la *Magia de la poesía* ambientes que reflejan, ya bien desde la prosa poética o el verso, la vida. Hay poemas en los que se puede sentir y vivir los temores y crisis del ser humano al enfrentarse a sus propios miedos y dificultades terrenales como ocurre por ejemplo en *No soy yo* cuando dice:

El sonido de un estallido dentro de mi pecho explota, mi sangre con ráfagas de fuerza sube a mi cerebro, me contagia, me envenena, tú no estás y yo muero.
Tú no existes, te busco, te pienso, más tú no estás. Cómo puede ser posible, si te respiro en el aire, si hay veces que te palpo con mis manos acariciando tu rostro, si mis labios te besan. Cómo puede ser que siga pensando en ti si mi corazón

acaba de estallar. Me destrozo mis venas para ya no sentirte más, antes de partir te escribo con tinta sangre: ahora que mi alma es libre podré vivir sin ti.

El amor, el desamor e incluso las situaciones sociales están presentes en las páginas de este libro. Y aunque en la mayoría el dolor aparece como protagonista casi que absoluto también la fe y el optimismo se hacen evidentes; y esto es otro aspecto que se debe destacar ya que *La magia de la poesía* consigue impregnar al lector de fe y confianza en sí mismo. Fe y confianza en que de las experiencias negativas también se aprende. Fe y confianza en que la fuerza la lleva uno mismo consigo sea cuales sean las circunstancias.

El lector encontrará versos sueltos como el que sigue a continuación que le permitirán adentrarse en el mundo interior del autor.

En la oscuridad de mi alma veo tu sonrisa
oigo tu voz
siento tu beso.

Y mis labios secos perciben tu humedad
mis manos
en tus manos
sosteniendo nuestro amor.
Si me sueltas, en el olvido
me pierdo yo.

Y otros en el que el erotismo no solo pone al descubierto el alma sino los cuerpos y el deseo:

Me encantan tus gestos cuando te vienes, mi amor, no te importa nada cuando se te pierde el sonido y el dolor. Y estar dentro de ti es como tenerte abrazada; es sentir, en mi alma, paz. Esa paz termina cuando en mí algo explota; termino de saciar mis ganas en ti y eso me hace feliz.
Se siente como una derrota y me abrazo a ti, para que, en tus pechos descansando, me digas: «Mi vida, te quiero».

La magia de la poesía es además un libro en el que el autor deja ver su comprometimiento con el mundo que le rodea, un mundo que no es perfecto pero que sí es perfectible sobre todo si somos capaces de darnos al amor.

Sin más te invito a que te adentres en la lectura.

Lázara Ávila
Editora

AMOR DE MIS AMORES

¿Qué es el amor? Un día alguien dijo que el amor es un sentimiento inexplicable que atormenta a los seres humanos. El amor es amistad, es miedo, olvido y razón.

¡Sí!, esa persona que te complementa ha de ser además de tu amor un amigo, alguien que no quieras perder nunca, aun a sabiendas de que nada es eterno. Al amar los errores y las imperfecciones del ser amado pasan a un segundo plano, no se tienen en cuenta. Ni siquiera el pasado de esa persona es importante para el que ama.

Amar es vivir en equilibrio, es entender qué es lo que realmente quieres; y no, no es solo comprender al otro, es desear lo bueno para él o para ella, es querer ser parte de su existencia en los buenos y en los malos momentos.

¿Entonces quién es el amor de mis amores? Eres tú, mi cuerpo, mi alma. Has de amarte primero para que puedas amar a otra persona.

ALMA EN PENA

Voy por un camino muy oscuro. Hay sombras a mi alrededor, desesperadas.

Cuenta la leyenda que los desertores que intentan cruzar este sendero no sobreviven. Siento un frío pesado que congela mi cuerpo y mi alma. Es el bosque. Son las sombras.

El sonido del viento asusta a los animales, un árbol que cae frente a mí me acorta el paso, los animales huyen despavoridos mientras las sombras aclaman mi alma. A lo lejos el aullido de un lobo me estremece. La lluvia es ahora mi peor enemigo.

Exhausto, me desplomo sobre mis rodillas. Mis ojos lloran y mi corazón se acelera. No me puedo dar por vencido. Tengo que seguir, tengo que sacar fuerzas, levantarme y seguir adelante.

Una y otra vez vuelvo a caer sobre mis rodillas. Una y otra vez me parece que no podré salir de este bosque. Y cuando ya casi que me doy por vencido, frente a mis ojos se erige la más bella flor que jamás haya yo visto. La tomo entre mis manos y todo se detiene, la lluvia, el ulular feroz del viento, la noche y su manto negro. A unos pasos la salida, la calma… ¡Lo he logrado!

Pero con el último paso, mi pecho se destroza y mi alma se

desgarra, mi corazón apenas late, vuelvo a caer sobre mis rodillas, vuelve la lluvia y las sombras ríen…

El cuerpo sin alma no existe, el alma no vive si no hay corazón, mi corazón murió cuando de mi mano cansada cayó aquella flor.

LA OTRA MITAD DE LA LUNA

La belleza interior de nuestra alma se refugia en la luna protegida siempre por el sonido de los latidos del corazón. Yo veo en tus ojos de lluvia una luz hermosa a la espera del beso que hará que renazca en ti, de nuevo, la esperanza, la fe en el amor.

Cicatrices dejadas por los sueños rotos, en oscuridad total pueblan la parte oscura de la luna, su otra mitad. Lo no alcanzado, la muerte, la pena, el dolor. El resquemor en la mirada.

La otra mitad de la luna es el silencio de un ser vacío que vaga sin luz.

UN SUEÑO HECHO REALIDAD

Cuando a pesar del cansancio la magia en la sonrisa aflora, cuando sientes que el alma se une en el deseo de alcanzar la meta y consigues ver a ojos cerrados: el sueño se ha hecho realidad.

El saber que has logrado tu propósito con el sudor de tu frente, a pesar del cansancio, a pesar del cuerpo destrozado te anima a continuar. Y si voltearas el rostro, creyéndote sin fuerzas, ahí estarán todos tus guerreros también exhaustos, cansados pero fieles a ti, apoyándote. Ellos no te dejarán caer ni morir solo; y por ellos darás el siguiente paso.

Otros desafíos vendrán después porque la vida no se detiene. Y con cada meta cumplida sonreirás y podrás decir ufano: ¡Lo he logrado!

¿DÓNDE ESTÁS AMOR?

¿Dónde estás amor?, ven y sálvame porque quizás ya no tenga otro amanecer.

Perdido y sin saber de ti voy dejando mis huellas sobre la arena ardiente de este desierto, en el que mi alma vaga. Mi cuerpo se resiste a continuar deshaciéndose, dejando pedazos de mí en cada alucinación. De nuevo no eres tú. ¿Dónde estás amor?

Acaso es tu mano la que roza mi frente. Acaso son tus ojos los que dan vida a mis ojos. Acaso eres tú que has regresado. Deja que mi corazón se calme y ya pronto estaremos juntos los dos.

NO SOY YO

¡Pum, pum!

El sonido de un estallido dentro de mi pecho explota, mi sangre con ráfagas de fuerza sube a mi cerebro, me contagia, me envenena, tú no estás y yo muero.

Tú no existes, te busco, te pienso, más tú no estás. Cómo puede ser posible, si te respiro en el aire, si hay veces que te palpo con mis manos acariciando tu rostro y mis labios te besan. Cómo puede ser que siga pensando en ti si mi corazón acaba de estallar. Me destrozo mis venas para ya no sentirte más y antes de partir te escribo con tinta sangre: Ahora que mi alma es libre ¡podré vivir sin ti!

PESADILLA DE AMOR

Voló el dragón a lo alto de una montaña para implorar clemencia. Alguien le había robado a su princesa y el moría de amor por ella. Lloró durante muchas noches, en la montaña helada. Un día vio a lo lejos la silueta de una mujer. Era su princesa que lo había ido a buscar.

—¿Por qué te fuiste? —preguntó él.

—Soñé que volaste a la punta más alta de la montaña, y salí en tu búsqueda.

La felicidad más grande es cuando ves a tu amor que viene hacia ti y llorando de felicidad te da un beso, apaga tu fuego y calma tu corazón.

LA VERDAD DE UNA ESTRELLA

Un día una estrella se desprendió del universo y a nadie le importó. Esa estrella, sin saber cuál sería su destino en este mundo ajeno, tropezó tantas veces y a pesar de irradiar tanta luz se ha sentido tan sola que de sus ojos brotaron lágrimas que anegaron los ríos y los mares.

Yo la enamoré, me enamoré y nunca al universo se la regresaré. Sé que todavía confía en mi amor.

¡Por favor, no pierdas la fe!

UN NUEVO DÍA

¡Ja, ja, ja! Es lo único que tengo para ti. Me da risa, estás tratando de sobrevivir cuando la fórmula secreta es aprender a vivir feliz.

Busca la felicidad en tu interior y no me digas que te da miedo porque crees que eres de lo peor. Te preocupas demasiado por lo que pasará, al final no pasa nada y te vuelves a preocupar.

¡Ja, ja, ja! Si piensas que has tenido un mal día, alégrate y dale gracias a Dios por dejarte respirar en este nuevo día.

POR UN SOLO DIOS

La naturaleza de un ser viviente es como la materia que se disfraza o se convierte. Vivir por vivir, es como estar muerto. Un día me saludas y al otro cuando te preguntan por mí dices: ¡Ni me acuerdo!

El ser humano es aquél que da la mano sin mirar lo bueno que ha hecho y cómo buen ser humano guarda esa acción dentro de su pecho.

Pon a Jesucristo en tu corazón y no lo hagas a un lado. Él siempre está acompañándote, sin importar tu religión por dónde camina Él caminas tú y camino yo.

Dios es el padre, Jesús el hijo y Él fue el único que murió en la cruz. Los incrédulos se preguntan: ¿Quién es Dios? ¿Cómo creer en alguien que no veo? Déjame contarte lo que dijo un sabio y a mí eso me cambió. Él me dijo:

Dios es viento.

Dios es luz.

Dios es un destello.

Dios es algo hermoso.

Dios es bello.

Pero dime tú, a quién estás buscando si no aceptas a su hijo, ¿cómo quieres ver al alto mando? Jesucristo nunca dejó en su mandato colores o religiones, solo nos quiere ver felices y que aprendamos de nuestros errores. Él nos regala cada día un millón de bendiciones.

PERDÓN MI CORAZÓN

¡Hola! Soy yo otra vez.

Te quiero confesar que no me he portado bien. Que te extraño, y aunque no lo creas mi mundo está al revés.

Yo sé que, aunque estás enojada conmigo me entiendes. Te decepcioné, pero a ti también te ha sucedido; soy un ser humano y me puedo equivocar. Hemos tenido días buenos y malos, pero cuando miro tu sonrisa, todo queda atrás.

Por cierto, ¡muy linda tu sonrisa cuando acabas de despertar!

Y no lo niego, tu sonrisa y tu mirada me estremecen siempre.

Es por eso que hoy, yo me vengo a disculpar; porque te he lastimado sin tener una razón. Me rindo ante tu amor. Yo haré todo lo posible para que vuelvas a palpitar y en ti, mi corazón, yo volverme a reflejar.

¡Perdón mi corazón!

Que yo por tonto sin tu amor me he quedado. Y este sufrimiento duele.

EL ADIÓS

El adiós es liberar tu alma, es abrir la puerta hacia el olvido, es ver pasar el tiempo en el rostro del dolor, es morir lentamente sin que te des cuenta, es mirar a esa persona frente a ti y saber que ya no está.

Un adiós se interpreta de mil maneras, todo depende de lo que contenga tu corazón. Si alguien te ofrece maldad, odio o tristeza, tú compártele, amor, cariño y respeto. No culpes a nadie por tu desdicha, si no sabes amar, no ames.

Aprende a decir adiós al odio. Pon tu rostro en el espejo, mírate fijamente y pregúntate, cuánto te amas; si no te puedes contestar, es porque no sabes cuánto vales.

Ahora, de frente al espejo mira hacia abajo, sosteniendo la vista al suelo, vuelve a preguntarte ¿cuánto te amas? Si respondes, es mentira. Tu respuesta no es verdadera si no fuiste capaz de darla antes mirándote al espejo. Tu corazón aun no consigue ver todo lo que contiene dentro, entonces, no salgas al mundo con una sonrisa falsa.

Procura cambiar, aun cuando digas, no, no puedo. Mira uno nace, crece, se reproduce y muere. Y lo que trae uno adentro siempre va cambiando. Adiós es decirle al mundo cuánto te amas, y decirle adiós a lo que te pone barreras.

Pídele a Dios que te de fuerzas para abrir la puerta de la felicidad, para mirarte al espejo y se capaz de reconocer cuánto te amas y tener el valor de decir: ¡Adiós!

CÓMO ROMPERLE EL CORAZÓN A UN SAPO

Llega un hombre pobre y sencillo a una comarca y le dice a una mujer con afán de conquistarla.

—¡Hermosa! Disculpe mi princesa, ¿usted es de aquí?

Ella contesta: Soy de todo lugar, por eso siempre me verás en todos lados.

—¿Y usted mi humilde servidor? —pregunta ella. A lo cual él contestó:

—Yo mi princesa soy de Marte, por eso siempre voy a amarte.

Ella agachó su cabeza y se comenzó a reír y se fue dejándolo solo.

LA VERDAD

En esta vida hay dos opciones, el intentar vivir y el vivir siendo feliz.

Yo quiero vivir feliz, aunque me hunda en un vacío, sonreiré sabiendo que amarte fue lo más hermoso.

Amarte como te amo me va a matar. Aunque sin ti ya estoy muerto, así pues, qué más da.

Dios sabe que amarte me ha hecho muy feliz.

Y también sabe que, si te pierdo voy a sufrir. Aun así, dejo crecer este sentimiento en mi corazón.

Los dos estamos de acuerdo y si fallamos Él sabe que lo hicimos por amor.

LA GRAN LECCIÓN

En la cima de una montaña hay dos cofres, en un no hay dinero y en el otro se guarda la sabiduría. Por una de las laderas va subiendo una mujer de buenos principios. Por el otro extremo sube la montaña un hombre de cuarenta y cinco años, muy elegante. Ella llegó primero a la cima y se quedó pensando cuál de los dos cofres quería. Él, cuando llegó le dijo el cofre que dejes yo me lo quedo. Ella preguntó ¿qué necesitas?

Él contestó quiero los dos. Ella siguió pensando y finalmente tomó el cofre del dinero y caminó dándole la espalda al hombre.

El hombre intentó levantar el cofre de la sabiduría, pero no lo pudo mover. Ella le dijo ¿quieres que lo baje yo?

Sí —contestó él— pero ten cuidado, si se cae y se abre, lo que trae dentro se desvanecerá.

Al llegar abajo ella solo tenía un cofre. Entonces le dijo al hombre que con tristeza la miraba: toma mi cofre, el tuyo se cayó y se abrió. El hombre sonriendo se llevó el cofre, dejando en las manos de la mujer una carta que decía: *¡Gracias! El dinero, no lo hubiera obtenido sin tu ayuda, el cofre era muy pesado para mí. Solo recuerda que la sabiduría no* *se obtiene en un cofre, ahora disfrutaré de mis vacaciones gracias a ti, espero que hayas aprendido algo bueno de esto.*

Ella exclamó y dijo: A veces no se obtiene lo que quieres, pero uno aprende la lección.
El cofre estaba vacío, él solo sonrió.

PERDIDO EN TU MIRADA

Son tus ojos como el mar azul verdoso. Y esa tu mirada sigue teniendo el mismo brillo del primer día en que te conocí. Recuerdo que, envuelta en aquel vestido blanco y con tu cabello dorado moviéndose a merced del viento absorta contemplabas el cielo. Quedé flechado, y con tus manos entre las mías desde ese momento supe que para siempre quería estar a tu lado.

Tantas vidas recorrí para encontrar el amor, hasta que me atrapó tu mirada acompañada por un beso frente al mar.

Fue este un sueño hecho realidad, después de tanto tiempo encerrado en la tristeza, tu ternura me vino a liberar y mi corazón llenaste de felicidad. Juntos recorrimos una vida sin destino, pues nuestros corazones ya estaban juntos en un mismo camino. Hemos confiado el uno en el otro y amado sin temor.

Sentir el roce de tu piel sudada, morderte toda desencadena tus deseos y surge la magia, estás a punto de explotar tu universo, en tu mirada lo veo.

Estás envuelta en el placer, tu cuerpo entero lo hago estremecer, abrazado a ti. En tu mirada puedo ver otro amanecer, y como el mar azul verdoso, me pierdo en lo más profundo de tus ojos hermosos, lleno de dicha y felicidad, nuestros corazones en un mismo palpitar están y en tu mirada mi amor, siempre me voy a encontrar.

SIN DOLOR

El sonido del viento es como una melodía que enternece mi alma y hace desaparecer mis miedos.

El más sublime proviene de las teclas del piano que, al seducirlo, con mis manos, lo llevo a un sueño profundo donde la magia explota.

Sin dolor, susurrante viaja al mismo ritmo que los latidos de mi corazón.

PARA AMARTE TODA LA VIDA

Camino sobre pétalos de rosas, el aroma de tu perfume me enloquece. Mientras en el cuarto una botella de vino será el único testigo de nuestra noche.

La noche es perfecta para demostrarte mi amor. Y sirvo las copas, voy a tu encuentro. ¡Ah! ese aroma tuyo a piel mojada me tiene sediento de ti. Beso tu cuello, mordisqueo tu piel… No quieres que vaya tan rápido y escancio otra copa de vino y beso tus labios para saciar tu sed. Qué noche más linda entre sábanas blancas, envueltos en caricias y besos; esto es por lo que existimos, ¡por estos momentos perfectos!

No entraré en detalles de lo que sucedió, pero aún sigo escuchando el eco de tus gemidos y gritos de placer.

El sol entra por la ventana y yo te pido otro beso, ahora estamos donde todo comenzó. Puedo sentir tu respiración, deseándome, desnudándome.

Es hermoso descubrir que una noche con caricias es igual a un amanecer con risas, mientras estés tú para amarte toda la vida.

VIDA PRESTADA

Viví una vida prestada que no me pertenecía, contigo viví mis mejores años, a pesar de que no te quería y que de otro estaba enamorada, pero él no me quería y yo lo sabía.
Hiciste lo imposible porque fuera feliz, y por eso y por verte feliz mil veces me sacrificaría.

LA DECISIÓN ES TUYA

Querer vivir la vida de alguien más, es como caminar sobre el filo de una navaja, es tomar riesgos innecesarios. Algunas personas pueden vivir su vida al máximo, con lujos, derrochando dinero sin tener que preocuparse de nada, pero otras simplemente no pueden. Y hay quienes aparentan lo que no tienen, viven una farsa difícil de entender.

Esos se afanan en obtener más de lo que sus posibilidades le permiten y sin darse cuenta van cavando un hoyo en el que se hunden sin remedio con cada una de sus acciones.

Para cambiar ¡reflexiona!

¡La abundancia y la prosperidad se te dará! Pero primero tienes que sembrar la semilla para poder cosechar.

Busca tu talento, siéntate frente al espejo y mira todas tus cualidades y aférrate a ellas, no las cuentes, invierte dinero en desarrollar tus potencialidades y oportunidades. Si acaso estas entre los que derrochan sin poder, entre los que viven una vida de glamur que no es suya piensa un poco, reflexiona y te darás cuenta de que hay otras opciones que te conducirán al éxito.

¡Éste es tu momento!

Si no tienes nada que perder, entonces no hay nada a qué

tenerle miedo; que no exista el no puedo, y verás qué bonito se siente cuando se cumplen las metas y los sueños.

¡El momento de brillar es ahora!

Te hicieron para conquistar lo que sea que quieras, pero la decisión es tuya.

QUISIERA

Quisiera tener una lámpara mágica para cumplir un deseo, le pediría que tú y yo volviéramos a ser jóvenes sin borrarme los recuerdos.

Para pasear otra vez a tu lado, y tener esas noches de cansancio y desvelos. Envejecer otra vez, a tu lado, es lo que más anhelo.

CAMBIAR LA VIDA

Tierra, fuego, aire y agua son elementos que existen en la tierra.
Respeto, dulzura, amor y cariño son sentimientos que la vida necesita.
Tú, yo, ellos y nosotros somos elementos en la tierra, capaces de cambiar la vida.

MI MUNDO DE FANTASÍA

Entre hadas y enormes mariposas, tengo que proteger a una rosa.
Me enfrento a dragones y a un pirata que hace hasta lo imposible por encontrarme. Su barco vuela y dispara cientos de cañones; no matan, pero cada impacto en mi cuerpo duele.
Por ahora, me escondo en la garganta de una enorme planta carnívora y te preguntarás: ¿Cómo llegué hasta aquí? Bueno, me seguían los dragones, entonces sin pensarlo dos veces salté al interior de lo que me pareció era un puerto seguro.
Ahora es solo esperar a que los dragones se alejen para salir antes de que mi hospedero me devore.
Aprovecho para contarte cómo llego la rosa a mis manos. Un día en que paseaba, aburrido, por la selva la encontré justo en el jardín de la casa del pirata y la robé. Es por lo que ahora estoy en problemas.
Llegó la hora de salir ¡Oh!, hay luces brillantes en el cielo! No las había visto antes.
¡Oh no!, son fénixs, ¡los dragones de fuego! Pues, que intenten atraparme. Son muy rápidos, pero yo soy el mejor nadador, veamos si siguen mi ritmo bajo el agua.
Pensé que no volvería a ver esta hermosa cascada, allá voy,

ahora si tengo la misma velocidad en el agua que los fénixs en el aire.

—Te tengo, ¿creíste que podrías escapar de un pirata? Vas a sentir dolor por haber robado mi rosa, te atreviste a desafiarme y lo pagarás. Mis dragones se encargarán de ti.

—Iluso, podrás hacerme lo que quieras, pero la volveré a robar.

—¿Qué has dicho?

—Que la volveré a robar. Para mí no hay imposibles, si ya la tuve una vez, la volveré a obtener.

Y esta es la historia, he vuelto a robarle la rosa al pirata. Él me seguirá persiguiendo y probablemente me vuelva a encerrar en húmedas mazmorras, pero escaparé una y otra vez hasta alcanzar mi sueño.

LAS CUATRO ESTACIONES DEL AMOR

El invierno pone los corazones fríos y nos hace sentir que el tiempo pasa muy lento. Solo la llama de la pasión conseguirá romper el hielo. Pero no será simple porque el miedo a fallar puede que sea más fuerte que el deseo de abrir paso a la primavera.

Uno necesita escuchar que todo va a estar bien, uno necesita confiar en que el tiempo por venir será mejor y solo entonces ocurrirá el milagro de la fe.

Como flores en primavera, la nueva ilusión germinará. Será como aire puro y tendrás ganas de gritarle al mundo lo que estás sintiendo. Sea cual sea la fuerza de los vientos serás capaz de emprender vuelo de la mano de tu nuevo amor.

Cada mañana al despertar, habrá colores diferentes para embellecer el día y los girasoles con su aroma guiarán tus pasos. Los cuerpos disfrutarán del calor del verano, cuando los amantes bañados en humedad, ambos, se entreguen al juego del amor. Cada día abrirá paso a la confianza, y todas tus dudas caerán como hojas en el otoño; te convertirás en árbol deshojándose, ya no habrá miedos ni inseguridades solo unas ganas inmensas de vivir.

TRIUNFOS

Con mi escudo y mi espada estoy listo para la batalla, la moneda está en el aire decidiendo mi destino. No me gusta que la suerte decida mi camino, y con mi hoja de metal y como todo un samurái, yo te mando al abismo.

Me siento poderoso. Es el tercer combate y ya te diste cuenta de que yo vine también a boxear. Acabas de sentir mis guantes, no me debiste subestimar. Hoy le gano al falso rey y le quito su corona. La cuenta llegó a diez y te quedaste en la lona.

Entre cuatro paredes encerrado estoy, llevo más de tres horas sacudiendo mi cerebro, tú te burlabas, me decías cuatro ojos y me llamabas cerebrito. Ahora dime amiguito, ¿quién está sufriendo? Abres el examen y ni sabes lo que estás viendo, en cambio en mi fluyen los números y figuras hexagonales. Empiezas a sudar y tu cerebro grita ¡basta! Fin de tu historia, tus ideas colapsan.

Ahora abran campo, llegó el científico con la instrumental, dime qué se siente fallar, nada mal ya lo entendiste, aquí se trata de cuántas ganas tienes, no de lo mucho que sufriste. Agarra tu espada o ponte los guantes y a luchar, si lo tuyo no son las batallas tenemos una mejor arma que conecta todos los sentidos. Y el deseo de triunfar solo está en tus manos, sacude tu cerebro y camina con cuidado. Eres el mejor triunfador que Dios haya creado.

BAILARINA

Una música distorsionada llega hasta mi oído interno, las células pilosas se mueven y el sonido llega hasta mi cerebro, me hace bailar.

Es mi cuerpo ahora el que responde al pum y responde al tap. Las ondas sonoras hacen explosión. Estilo libre es lo que bailo yo. Me desplazo en la tarima, todas las moléculas de mi cuerpo están bailando a un mismo ritmo.

Mis movimientos cuentan una historia y por favor no trates de entenderla. Puedo moverme como un dragón o como un cisne negro.

La elegancia del ballet me enseñó mil posturas y desarrollé el estilo libre, y eso me hace estar a la altura del mejor bailarín. Bailoteo con gran pasión. Es el arte de moverte con amor y placer.

PARA TI MUJER

Hermosa mujer, feroz y audaz, que no te dejas vencer ante ninguna adversidad, eres valiente, decidida.

Te caes, te levantas y sacas tus garras, siempre vas luchando por la vida y nunca te cansas. Mujer amada, eres todo un misterio. Incluso en tus días grises me sonríes y encuentras la manera de vencer los obstáculos.

Tu inteligencia es tu mayor virtud. Por donde vas siembras con tu huella la virtud. Eres una guerrera en peligro de extinción, eres la última sobre la tierra, si te extingues tú, también se extinguirá el amor.

POEMA CON RITMO

La vida hay que disfrutarla al ritmo de salsa. Mueve tus caderas al compás del son. Que la alegría se expanda en cada vuelta y la pasión se convierta en nuestra fiesta.
Sube la nota, no te limites, ponle movimiento a la vida y que el mundo sepa de tu existencia. Si estás aquí es para ser feliz. Tu beso en una nota explota y bailar contigo es como hacer el amor.
Ahí es donde empieza lo bonito, cuando el baile se pone pegadito, lento el cuerpo y acelerado el corazón, los sonidos agudos ya no los podemos escuchar, solo se oye muy fuerte la respiración y el palpitar de nuestros corazones.
Eso es por lo que estamos aquí y no nos vamos, estamos para vivir el momento y disfrutarlo. El mañana es incierto y el pasado ya pasó. El momento es lo que somos y nuestro ritmo es el amor.

CARTA DE AMOR

ÉL: Sé que tienes aquellos pétalos de rosas guardados entre las páginas de un libro y que abrazada a un oso de peluche contemplas mi foto. Estás ansiosa, esperando por mi regreso para amarnos por siempre.

Sé también que al leer mi última carta te pusiste a llorar. En ella te decía:

¡Amada mía! la distancia me ha hecho comprender, que contigo quiero pasar el resto de mi vida y el poder sonreír junto a ti, me llena de alegría.

Ayer recordaba el día en que te conocí. Yo caminaba por aquel puente y me dijiste ¡hola! En tu rostro brilló una sonrisa y yo quedé sin saber qué decir.

Con lágrimas en mis ojos, te di una rosa que llevaba conmigo. Ese día un ser amado había dejado de existir y Dios lo acogía allá en su regazo. Me acompañaste en mi dolor abrazándome fuerte. Lloré tanto que perdí la noción del tiempo, solo supe que mis lágrimas se congelaban con el frío viento.

En un momento de lucidez comprendí que, me contagiaste con tu alegría hasta que finalmente dejé partir a la tristeza. Eres un ángel que vino a darme vida, cuando estaba a punto morir de desconsuelo, y te di las gracias por quedarte junto a mí y por enseñarme a ser feliz.

ELLA: Amor, hace un mes que no sé de ti, ya no me escribes. ¿Acaso me habrás olvidado? No quiero pensar que te he perdido, lo nuestro no puede terminar así. Siento miedo de que no regreses nunca de esa guerra. El temor invade mi corazón. No, no quiero esto, por favor vuelve donde sea que te encuentres. Estoy en aquel puente donde nos conocimos; un frío seco congela mis lágrimas y mi dolor se agranda pensando. ¿Qué te sucedió? ¿Será que te perdí? A paso lento alguien camina hacia a mí. ¡No lo acepto mi amor, no! quería salir huyendo, pero me abrazaste.

ÉL: No me perdiste, aquí estoy junto a ti, en el mismo lugar donde te conocí, donde me regalaste la sonrisa que puso vida en mí, donde un día lo perdí todo, pero te gané a ti. Verte otra vez me llenó de felicidad. Nunca más me alejaré de ti. Vamos a casa, quiero abrazarte hasta el amanecer.

MI FLAQUITA

¿Cómo terminé contigo? Ya lo recuerdo, y en estas líneas te lo expresaré: todo comenzó como un juego, y en fuego terminó, se incendió todo dentro de mí. Éramos bailarinas muy jóvenes en el mismo equipo. Nuestro escudo por debajo de las medias. Tú eres la delantera de mi vida, la que nunca esperaba para ponerme nerviosa con tus cursilerías. Yo siempre me descubría defendiendo lo nuestro, aunque terminara muy golpeada, siempre te cuidaba la espalda. ¡Oh!, Dios como me gustaba morder, abrazar y besar tu espalda. No recuerdo cómo pero un día llegamos a la habitación de un motel.

Mi flaquita, no sabía qué decir, así que contigo en amor y placer me excedí. Nos unimos en un solo cuerpo, y no había ningún temor al hacer esto, solo que no podíamos gritarlo a los cuatro vientos. Tú te enganchaste, pero yo me enamoré, yo era tu todo, y tú para mí aun eres mi sueño.

Y ME PIERDO EN LOS SEGUNDOS

El tiempo pasa rápido y me pierdo en los segundos... Espera un minuto, ¡por favor no te vayas aún! Quita la daga de mi espalda, ya no aguanto este dolor.

Las horas son tan largas, creo que esta vez sí me voy. Después de tanto tiempo juntos esta traición es insoportable. De angustia muero.

No sé en qué momento me perdí, en qué momento dejé de pensar en mí, te juro que hubo un tiempo en que fui feliz. Pero ahora trastornada mi mente busca la paz que antes tuvo; en el vacío, en el olvido mi cuerpo busca los besos, el amor. No sé si lo consiga, porque estoy cansado contra el tiempo pelear, pero encontraré la manera de sobreponerme y regresar al siglo en que mi presencia perdurará y la fe acodada a la ventana me regrese a los pasos del olvido.

EL AMOR ES EL ANTÍDOTO

Me has despreciado y humillado tanto; olvidaste que delante de Dios juraste amarme siempre. Has llegado al punto de decirme que ya no me amas. Y yo, yo seguí bajo tu sombra con la cabeza baja, sin levantar mis ojos porque a mí sí que no se me olvidó que le prometí a Dios que contigo estaría en las buenas y en las malas.

Frente al espejo, un día, me miré como a una reina, pero a tu regreso pisoteaste mi orgullo y volví a ser la criada y no la mujer a la que una vez dijiste que amabas.

En todas mis oraciones pedí que nada malo te pasara y que tu amor regresara. Pero, perdí la fe, ya no me importaba la vida y se me olvidó hasta ser mujer.

Luego con el tiempo todo cambió, volvió mi alegría cuando lo conocí a él. Fue algo muy hermoso cómo se me presentó, él volvió a darme ánimos y recordé lo bella que era. Me sentí empoderada, estaba llena de amor.

Ahora vete y no regreses nunca. Y no vuelvas a prometer lo que no puedes cumplir, en las buenas o en las malas.

ANGUSTIA

Duerme amor, cae en ese sueño profundo donde te alejas del mundo y hasta de mí, donde me pierdes, me desapareces entre la niebla y no sé qué hacer para regresar a ti.

Todos los días te despierto con un beso que tu rechazas siempre. He guardado este secreto lo mejor que he podido, y he tratado de darte los momentos más felices de tu vida. No quería que te enteraras y menos de este modo de todas mis mentiras. ¿Qué pasó? ¿En qué falle? Ahora tengo miedo de que no lo puedas entender, pero qué le vamos a hacer…, la vida es muy cruel.

—Me estoy muriendo y yo tenía el derecho de saber, por favor vete que no te quiero ver.

—No me hagas esto. ¿Qué no te das cuenta de que yo también estoy desecho? Si fuera yo quien te abandonará dime ¿qué hubieras hecho? Si te mentí fue por amor, que pases a mejor vida, es decisión de Dios.

—Por favor, no llores y sonríe por si acaso es hoy tu último día.

ILUSIÓN PARA DESLUMBRAR

La magia es una ilusión para deslumbrar, así como el amor deslumbra, ilusiona crece la magia dentro de ti.
La magia es darle vida a aquello que no crees que existe, es descubrir mundos más hermosos que la realidad en la que vivimos.
El amor te hace sentir que existes, que en realidad no hay nada más hermoso que tú, y que solo necesitas descubrirlo.
La magia nos hace fantasear. Vuela nuestra imaginación sin límites, y es que la magia vive en nosotros.
El amor nos hace tener fantasías en cuerpo y mente, el amor nos hace sacar la magia que vive en nosotros para amar sin límites.
Te quiero, te quiero, te quiero. Lo sentí, lo pensé y lo expresé.
Sentí que de ti algo me estaba conquistando, sentí que te quería y no lo podía creer la primera vez que te miraba y me tenías a tus pies.
Pensé y me dije a mí mismo, pero ¿qué tal si no le gusto? No es justo porque yo ya la quiero, no sé ni su nombre y en ella no dejo de pensar.
¿Qué es lo que me hizo quererla? Acaso su cara angelical, sus curvas su belleza porque para mí ella es la mujer más

bella.

Le expresé mis sentimientos y se quedó sorprendida, ella no podía creer que alguien que no la conoce, la pudiera querer.

Le dije que, desde el fondo de mi corazón, no le estaba mintiendo, que me diera una oportunidad de demostrarle lo que por ella siento, y así fue como yo la conquisté.

Te amo, te amo y siempre te amaré.

El esfuerzo no fue en vano, porque hoy por hoy ella camina, enamorada, de mi mano.

EL BESO ME LLEVA A TI

Hermoso color el de tu piel canela. Es suave tu cabello largo, dulce y tímida tu mirada. Te sonrojas.

Tus nervios me enloquecen, los puedo sentir cuando con mi nariz acaricio tu cara.

El beso me lleva a ti.

Tu altura te hace colgar de mi cuello; y mis manos acariciándote desnudan tu cuerpo, rompo los tejidos de tu capullo y por primera vez vuelas como una mariposa, vuelas y te posas en mi corazón.

Tatúas nuestra historia en mi piel, la mariposa empieza a crecer, y en ese momento todos tus colores veo nacer.

Con tu mirada dulce, me robas un «te quiero» y al oído me dices: «Te deseo».

Cierras tus alas dejando que la noche nos abrace, disfrutamos el momento porque al amanecer te perderás en el tiempo, así como los segundos se convierten en minutos, los minutos en horas y las horas son infinitas.

En el reloj de mi pecho, dejaste escritas tus caricias. Mariposa de colores, te veo partir y como estatua de arena, me quedo, pero mi corazón siempre irá tras de ti. Aprenderá a volar por ti.

PLATICANDO CON MI DIARIO

Platicando con mi diario yo me puse a recordar cuántas veces te he dicho te amo y tú ni siquiera lo sabes, solo mi diario y yo sabemos lo que por ti siento. Te tengo un cariño especial desde que éramos niños, me dan nervios cuando te acercas y no puedo ni hablar, imagino que me besas y creo que me voy a desmayar.

Solo espero que después que leas esto entiendas cuánto te quiero.

ESPEJOS DEL CORAZÓN

El primer latido despertó mi atención y fue muy fuerte, tuve que apretar mi pecho para que no lo oyera Dios. Lloré de miedo por lo que estaba naciendo, un sentimiento que no lo pude arrancar, me enamoraste en un segundo y después me dejaste como sombra en abandono.

Te alejaste como si yo fuera un ser extraño, limpié la sangre que mi corazón por ti había derramado. En otra vida cambié de piel, y juré que el latido que me mató no lo volveré a oír. Y de pronto Dios jugó conmigo, mírame aquí, contigo otra vez. Ahora sí valió la pena, pero lo arruiné. No sé cómo, pero otro ser tomó mi cuerpo. Quedé muerto en vida y todo por no saberte valorar.

Dios es grande y otra oportunidad me dio; el reflejo de tu corazón me llevará hasta ti.

ERES PARTE DE MÍ

¡Hola, amor! ¿Sientes la brisa? Es nuestro lago, hermoso y único como tú. Eres preciosa, por ti mi corazón se aloca. Ternura de mujer que me abraza y me hace feliz. De besos quiero colmarte, con mi boquita.

Quiero hacerte el amor y tocar el cielo con las manos abrazado a tu cintura. Para mí, hacer el amor no significa quién es más bueno; es conectar con los sentimientos que de amor nos llenan por dentro.

No tengas miedo a quererme. Serás tú quien decida si quieres o no caminar conmigo. ¡Oh! ¿Quién lo podía suponer que tú entre mis brazos ibas a estar?

Nunca es difícil terminar algo que empezó, lo difícil es encontrar a alguien que te mire a los ojos y que te diga con sinceridad, desde lo más hondo de su corazón: «Te quiero».

ENTRE EL ODIO Y EL AMOR: MEDEA

Encerrada entre estas paredes me dejas, mi corazón sangra y mis ojos ya no lloran. ¿Quién te has creído que eres para tratarme así? Lo que antes eran caricias, se volvieron golpes hacia mí. Me destrozas el cuerpo y según tú me haces el amor. ¡Esto no es amor!

Mi mundo se torna gris cuando me haces venir. Mojada y ensangrentada así no quiero vivir. Has pisoteado mi dignidad, me has convertido en nada.

Escucho un latido en mi vientre queriendo florecer. No, ¡no! Esto no puede ser; debe ser un monstruo lo que dentro de mí se está formando. Y no me importa si es pecado, pero no lo quiero…

¡Dios!, ¿cómo es posible que este engendro te hiciera cambiar? Ni tus besos ni abrazos traicioneros harán que este monstruo sobreviva. ¡Será mi venganza! Despídete del amor mío y mira cómo le clavo esta daga.

Ahora volveremos a ser solo tú y yo. Ensangrentada, mojada, entre lágrimas. Y el monstruo abrazado a mí, muerto.

PIENSAS QUE ESTOY TRISTE

Mis lágrimas te confunden, piensas que estoy triste.

Te imaginas que me consumo en un dolor muy grande y quieres salvarme, tomas mi mano y me arrastras hacia ti, en tu mirada me reflejo mientras me besas quieto, tratando de entender.

Mis labios tiemblan y tu respiración se agita. Me abrazo a tu cintura y todo se detiene a nuestro alrededor.

No puedo creer lo que está sucediendo, arañas mi espalda mientras te voy mordiendo despacio. Dolor y satisfacción es esto que sentimos. Tú también dejas escapar una lágrima.

Ríes y me dices: «Eres un tonto».

—Soy tu tonto —te respondo.

¡TE QUIERO!

Deseo es lo que me sobra para agarrarte a besos y saciarme en tu boca. Tu piel sabe a frutas, quiero morder tus pechos, acariciarlos hasta poner tu piel chinita. Quiero pasar por todos lados mi lengua y luego regresar a tu boquita.

Penetrarte, sin causarte dolor; desenfrenado y excitado, hacerte el amor; sentir tu cuerpo encima del mío dándome calor.

Me encantan tus gestos cuando te vienes, mi amor, no te importa nada cuando se te pierde el sonido y el dolor. Y estar dentro de ti es como tenerte abrazada; es sentir, en mi alma, paz. Esa paz termina cuando en mí algo explota; termino de saciar mis ganas en ti y eso me hace feliz.

Se siente como una derrota y me abrazo a ti, para que, en tus pechos descansando, me digas: «Mi vida, te quiero».

Eso es lo que más anhelo. Aunque después haya que volver a la realidad; esos momentos contigo a solas son mi felicidad. ¡Te quiero!

ESTE AMOR

Este amor por ti creció sin que yo pudiera entender cómo fue. Mi vida ha estado casi siempre pies arriba, y desde niño solo tuve la calle por hogar donde aprendí a pelear sin guantes.

Hoy puedo decir que, mi amor por ti es lo mejor que me ha pasado, y eso por alguna razón me preocupa, no sé si podré ser un fiel guerrero en esta lucha. La vida que yo llevo no es una vida digna para ti, tú te mereces lo mejor y lo mejor no está aquí conmigo.

Pienso que no podré con esta presión y que continuaré mi camino sin importar lo que dejo atrás. Y no, no sentiré dolor pues tus lágrimas ya no miraré y por más que me duela, para que tengas una vida mejor, me alejaré. ¡Qué estoy diciendo!, mira como tiemblo, yo, aquel que se enfrentó a todo en la vida, ahora solo estoy huyendo.

Perdón, pero es que me da miedo no hacerte feliz, ¡tengo tanto miedo! El escudo es fuerte, pero espinas trae la rosa, que te hacen sangrar si no la sabes acariciar.

Envuelto en llanto, este sentimiento no lo puedo describir. Hace poco hablamos de ti, que serías el brillo que encendería mi alma. Que no habría más oscuridad a mi alrededor, no más miedos, no más dolor. En ti encontré mi segundo amor, ya no estoy solo, ahora las tengo a las dos.

«Felicidades, es una niña, señor», recuerdo que dijo el doctor cuando llegaste a este mundo. Te pusieron en mis brazos y yo no podía creerlo, me sentí tan feliz.

Hoy en mis manos te tengo, y veo como mi escudo se rompe en pedazos, y por primera vez, no salgo huyendo. Te convertiste en mi rosa, y yo en tus espinas… para seguirte protegiendo.

EL BOSQUE SABY

Parte 1

Sucede que caminar por estos lugares me hace sentir que ya había estado aquí antes, en otra vida quizás, en otro tiempo. El bosque Saby me hace sentir como en casa, la energía que posee de alguna manera me atrae, alimenta mi alma.

El agua del arroyo al tocar las rocas crea un hermoso sonido de paz y tranquilidad.

El canto de las aves me acompaña siempre y hace que los paisajes se vean más hermosos.

Escribiré mi nombre en el tallo de este árbol para que el bosque Saby nunca me olvide.

Parte 2

Conocer el bosque Saby y adentrarme en sus misterios fue lo mejor que me pasó en la vida.

Muchas veces lo recorrí, no sabía qué buscaba, sentía que el bosque me había elegido a mí.

Por mucho tiempo me dejé llevar por los susurros del viento, todo parecía un sueño que me llevó a ti, caminaba entre la niebla y alcancé a ver algo, algo que parecía un nombre en aquel árbol. No se distinguía, pues parece que mil años que pasaron lo borraron.

Suspiré tan profundo que no me di cuenta cuando apareciste ahí, me dijiste: «Soy yo a quien tú buscas», te contesté: «¡No lo sé!».

Una sensación invadió mi cuerpo de que esto no era real, nadie aparece de la nada y te invita a caminar, todo era risas, estábamos llenos de felicidad, el tiempo pasaba y parecía que esto nunca iba a terminar, algo muy poderoso me alejaba de mi realidad.

Notaste en mi mirada que me tenía que despedir, te pusiste triste y preguntaste: «¿Te volveré a ver?». Sonreí porque lo que no sabías es que yo ya pertenecía aquí. Él me eligió, el bosque Saby me eligió a mí.

Parte 3

Me sentía en el olvido, las peleas en el hogar me ponían muy mal, salí a caminar para despejar un poco la mente sin saber hacia dónde me dirigía.

Me topé con una señora de edad muy avanzada, no le presté mucha atención por todo lo que traía en mi cabeza.

Muy en el fondo de mi subconsciente, escuché que me dijo: «Si entras, nunca más podrás salir». Entonces, me di cuenta dónde estaba, caminaba por las orillas del bosque Saby.

De pronto, entre susurros escuchaba repetidamente la voz que aquella anciana decía: «Si entras, nunca más podrás salir». Me dio mucho miedo, yo solo pensaba en salir de ahí.

Veo entonces a alguien corriendo hacia mí, gritando con desespero que lo esperara, que tenía algo que decir. Sin pensar, corrí lejos para que no me alcanzara. Entré a la puerta del bosque Saby y como si algo me protegiera, no me pudo encontrar. Ingenuamente empecé a platicar y a agradecerle a aquella presencia que yo sentía; les juro que sentía hasta cómo me abrasaba.

Inocente, platicaba con esa energía que no podía ver, le decía que si pudiera me quedaría aquí para siempre.

De pronto una corriente me llevó hasta aquel árbol, algo me habló al oído, y me dijo que para que el bosque Saby no me olvidara, escribiera mi nombre.

Después de ahí, mis recuerdos se esfumaron con la niebla y no supe más de mí.

Parte 4

Durante toda mi vida he escuchado historias sobre el bosque Saby. Un lugar misterioso donde las personas con mucho dolor en su corazón encuentran la paz, personas que, al entrar, se enamoran de la majestuosidad en esencia y energía que habita en el bosque.

Sientes la felicidad al instante que haces contacto con la naturaleza, los vientos se convierten en tu destino aquí adentro, y la luz del sol irradia un brillo especial con el cual tus sentidos se abren como un nuevo despertar.

El bosque Saby se alimenta de ese vacío en ti, y a cambio te da paz y tranquilidad, pero tienes un precio que pagar, pues no te deja volver a tu realidad, haciéndote prisionero de tu amor propio.

Te quedas congelado en una especie de portal en el tiempo, olvidándote de todo y de todos. Lo sé porque he estado ahí, he sentido ese poder inexplicable que me deja cada vez más sediento de él.

Después de entregarle toda mi energía, y pasar toda una vida, me eligió, fui ascendido a ser parte de él, como una presencia que habitaría por siempre para sanar el dolor y sufrimiento de los demás. Pero al pasar del tiempo entendí que solo su mente gozaba de alegrías, al mirar los cuerpos vacíos y en el olvido intenté escapar.

Salí del bosque para nunca volver, entonces te vi caminando moribunda por las orillas del bosque y corrí para advertirte que no entrarás, pero algo te espantó y corriste desesperada hacia dentro, y cuando llegué a la puerta vi por qué huías de mí.

Ya no era yo el que salió por esa puerta, mi cuerpo era transparente y deteriorado, como un fantasma; así que no tuve más opción que volver a entrar para salvarte o más bien para salvarme.

Seguirán las leyendas sobre la magia que existe en un bosque, con el poder de hacerte feliz, pero si entras, nunca más podrás salir del bosque Saby.

REMEMBRANZA

Vaciando el baúl que contiene mis sentidos, el sentido de la vista es el primero; tú poniendo capas de piel a tu cuerpo aun así tu alma la veo.

El sentido del oído está en lo más profundo, escuchando tus plegarias y las del mundo.

El sentido del olfato es como una esencia, aún si no tuviera vista, percibiría tu presencia. Puedo oler que eres un misterio, huelo tu amor y también tus miedos.

El sentido del gusto ese no es para mí, es para que pruebes las delicias del amor que yo tengo para ti. Sin embargo, veo que probaste la amargura; dime a qué te supo, ¿o prefieres la dulzura?

El sentido del tacto está intacto, aunque tú no me veas, siempre estoy ahí; aunque tú no me escuches respiro junto a ti; aunque a tu olfato le tomó gusto en solo oler hiervas, siéntete feliz, porque en todo está mi esencia, y si el tacto hacia mi está intacto, porque, aunque no puedas sentirme, creas en lo que creas, conmigo tienes contacto.

PARADIGMAS

La oscuridad está mal interpretada, hay días y noches como subidas y bajadas.
A un mundo oscuro todos le temen, las noches son más tranquilas porque hasta los malos duermen.
Hay días que son muy tristes, por más que tú hagas y hagas, mucha gente no valora lo que hiciste.
El éxito y la gloria están de subida, son paradigmas de la gente. Recuerda que los más grandes tesoros están enterrados dentro de la madre tierra, y para encontrarlos tienes que bajar; arriba hay obstáculos, pero abajo es igual.
No importa qué camino elijas, siempre al éxito te va a llevar, porque lo que haces con amor dará frutos. He visto gente que ya no tiene luz, aquí dejaron todo su brillo; he visto gente ciega que solo ve oscuridad y son incapaces de dar luz.

MI AMIGO EL TIEMPO

¡Qué época más feliz cuando éramos niños! Todo era risas y juegos, cada vez que salía a jugar era una aventura más. Sin darme cuenta, me encerraba en una esfera donde nada me pasaba, no tenía que preocuparme por que la vida pasara.

Fui creciendo y todo fue cambiando. Mi infancia se fue quedando en el recuerdo, y yo comencé a vivir la vida a prisas, creyendo que a nadie entendía mientras tú, amigo, igual de lento, en medio del silencio me decías: «Tranquilo, ya los entenderás».

Te hiciste adulto junto conmigo, ahí dejé de creer en ti amigo, la vida me llevó a dar vueltas y vueltas dentro de un reloj de arena, así como me deshacía del tiempo, también desechaba mis recuerdos.

Mírame ahora, quieto como una hoja sin viento, abrazado a ti y a los recuerdos, sin lágrimas ya que compartir, solo hay paz en el final de mi recorrido. ¡Gracias, mi amigo!, por el tiempo que me has ofrecido. No sé si lo aproveché o lo desperdicié, ya viví toda una vida entera, y son muy pocos los recuerdos en mi esfera, como buen amigo esperaste por mí.

Yo me voy, y tú te quedas sin mí.

MUJER

Tus hermosos ojos es lo primero que en ti miro. Mujer eres inocente con un alma limpia y pura. Traviesa y coqueta ¡oh! Mujer elegante.

Vas floreciendo, vas saliendo del capullo, como toda una guerrera, te levantaste y la tristeza por una sonrisa cambiaste. A tu vida volvió la fe y te sentiste protegida. En ti veo un brillo muy especial, tu grandeza está por comenzar, tienes que encontrar tu balance, solo nunca olvides que entre más inmensa sea la oscuridad siempre podrás encontrar el camino a la felicidad.

Amas con honestidad y tu escudo es la lealtad. ¡Hermosa mujer colmarás de felicidad a aquel que te sepa conquistar!

CUANDO ESTÉS EN MIS ZAPATOS

Las personas tienden a establecer juicios sin conocer del todo a la persona que juzgan. Está bien tener el beneficio de la duda hacia alguien, pero eso no da derecho a prejuzgar al otro.

Hace poco, conversando con una amiga, salió el tema de una compañera que acababa de ingresar a trabajar en la misma compañía donde trabajamos nosotros. La señora que es mayor, de unos cuarenta años o más tiene la piel muy blanca y sus ojos son azules. La gente se burla de ella porque le faltan algunos dientes y porque tiene sinusitis.

Es muy distraída, mira mucho hacia arriba y a veces hasta habla sola. Debo decir que para mí eso es muy normal, es lo que se dice, «pensar en voz alta». El hecho es que la mayoría, en el trabajo, comenzó a decir que esa manera de ser de ella es debido a secuelas provocadas por el consumo de drogas y por tener una vida de maltratos.

Es increíble cómo podemos ser de insensibles. Me puse a indagar en mi pasado y quise ver si yo había juzgado a otras personas, o alguien me había juzgado a mí. Recuerdo que al primero que juzgué fue a Dios, sin conocerlo y sin creer en Él del todo. Para mí era más fácil encontrar un culpable, y como Él es dueño del destino y mi creador, pues entonces, Él tenía la culpa. Después no me gustó cuando me juzgaron a mí, se dijo que yo era una persona presumida y muy vanidosa.

GUERRERO ESPIRITUAL

Tentado por las delicias oscuras, del mundo perverso donde le tocó reencarnar, la avaricia y la perversión eran los factores importantes para subsistir en el mundo de los pecadores. Poco a poco, él se fue consumiendo en la dulzura que provoca la piel de una desconocida que le vende sus caricias. Entre más se hundía su cuerpo en el deseo, la luz de su alma más se debilitaba.

Caminos turbios recorrió y se olvidó de Dios hundiéndose en lo más perverso que un ser humano pueda caer. El vacío dentro de su pecho le hizo aferrarse a creencias que tenían conexión con el Dios que él amaba, pero dichas conexiones eran muy débiles. Los anillos y amuletos no llenaban su vacío, según él, solo las caricias impuras lo calmaban y le daban paz.

Desesperado comenzó a empaparse de filosofías incompletas para agrandar una sabiduría que no podía ser efectuada en un mundo donde se habla el idioma del dinero. En un sueño recordó un pasaje de su vida pasada. Estaba a punto de perder la fe cuando en un letrero roto alcanzó a leer: «La salvación está en tus manos». Meditó y pensó en cómo romper las cadenas que lo mantenían en un mundo sin felicidad.

Luego de un largo proceso, muy exhausto alcanzó el clímax, sintió como sus venas se conectaron a las venas de nuestro señor Jesucristo haciéndose uno solo sin entender la gran responsabilidad que tenía sobre sus hombros, entonces se dispuso a seguir los mandatos del señor viviendo una vida de abundancia, dicha y felicidad.

GIGANTES EN LA OSCURIDAD

No te conozco, aun así, en las noches frías me dejas ser tu dueño. Apaciguando el fuego que yace en ti, el sudor y las lágrimas se tatúan en tus mejillas. La hermosa mañana está por llegar y como una gárgola en estatua de piedra me convertirás, hasta de nuevo ver la noche y sentir tu piel. Tu cuerpo temblando, queriendo escapar. Tú entre mis alas, en mi cuello tus garras. No te conozco, aun así, solo por las noches, enorme es mi grandeza.

LO VALIOSO LO LLEVAMOS POR DENTRO

Seamos bonitos o feos lo valioso lo llevamos por dentro.

Si buscas en tu interior veras que eres maravilloso y que irradias con tu luz amor a otros.

Recuerda si alguna vez llegaras a ser la persona más importante de este planeta no cambies, porque lo que realmente importa, es lo que traes por dentro y eso se refleja en tu sonrisa y mirada.

VERSOS SUELTOS

I

Voy de la mano contigo, en el infinito juntos
seremos tú y yo.
Moriré si no te tengo amor…,
pero si en esa otra existencia me tomas de la mano
regresaré a la vida contigo para amarte siempre.

II

Como rosa cayendo hacia el olvido
lloras.
Rostro de lágrima, suspiro y corazón de espinas.
Alma marchita en soledad.

III

¡Toc, toc! ¡Abre la puerta!
Está llamando la felicidad.
¿Cómo estás?

Pero qué ojos tan bonitos y sonrisa que cautiva.
Caminaría por la vida enamorado de ti cada día.
Pero ¿qué digo? ¡Estoy soñando!
Y si un día recorres el mundo y necesitas compañía
yo te acompaño,
me pongo nervioso,
solo de imaginarlo.

Quiero tomarte de la mano y
envolverte en mis sueños,
quiero
que camines a mi lado
en cada amanecer.

No me dejes
nunca
amor.

IV

Si te ofreciera mi vida, ¿aceptarías?
Si te dijeran que tengo tu bienestar
y no tu felicidad, ¿qué harías?
Si a mí me dicen eso,
sin dudarlo te abandonaría.

Te ofrezco una rosa y un clavel
la sonrisa de un niño
en su primer balbuceo
te ofrezco mi vida
con sus altibajos
y sueños
con sus ganas de hacer
y sus miedos.

Te ofrezco
ayudarme a construir
el camino
a pesar de todo
y de todos.

Te ofrezco mi vida ¿aceptas?
Placer, bienestar y felicidad yo te ofrezco.

Desde el primer día que te miré, me enamoré. ¡Lo acepto!
No te defraudaré y por siempre te voy a amar.
¿Qué piensas?

V

Mi pecho es un volcán apagado, pero activo
sin ti me siento frío.

Tú ya no tienes lágrimas de tanto que has sufrido
y ahora culpas a mi alma y me entierras en el olvido.

VI

Una pluma en una hoja escribe sus aventuras
tú y yo nuestras locuras.

De la pluma sale tinta que se desliza con dulzura.

De mis manos salen llamas que te encienden
cuando atrapo tu cintura.

VII

Una estrella a lo lejos se mira muy hermosa.
Tú cuando estás cerca, para mí, ¡eres una diosa!

Me gustaría regalarte esa estrella.

VIII

Mi vida, mi amor y mi cielo.
Contigo me rio, aunque me vaya al infierno.

Mi vida, mi amor y mi cielo.
En el infierno me portaré bien para que
Dios me lleve a reírme contigo al cielo.

IX

De camino a tu corazón me encontré con tus labios,
y yo perdí la razón.

De camino a tu corazón me perdí en tus ojos y en tu
cuerpo
en lo suave de tus manos
me perdí y regresé
sintiéndome
vivo.

De camino a tu corazón hice un recorrido largo, desde
las plantas de tus pies, hasta las montañas de tus piernas.

De tu cintura
a la cascada de tu ombligo
a tus pechos
hasta encontrar el camino
a tu corazón.

X

En el cielo hay nubes
en el universo estrellas
en la tierra yo te tengo a ti
cómo la persona más bella.

XI

Tus manos en mis manos
me dicen que me amas
más tus labios en mis labios
me dicen que me engañas.

Yo ya no tengo nada y para mí,
tú eres la vida.

Creo en tus «¡te amo!»
a sabiendas
de la mentira.

XII

En la oscuridad de mi alma veo tu sonrisa
oigo tu voz
siento tu beso.

Y mis labios secos perciben tu humedad
mis manos
en tus manos
sosteniendo nuestro amor.

Si me sueltas, en el olvido
me pierdo yo.

XIII

Te amo.
¡Hola! ¡Cómo estás!

¿Sabes? Ayer salimos y no te entiendo
si tú me gustas y yo te gusto
¿por qué me tienes sufriendo?

¿Te da miedo?
¡A mí también!

Entrégate al amor
y déjate querer
no sigas ignorando que me amas.

XIV

Hola vida, hermoso corazón.
Despierto y sonrío
y tú eres la razón.

Mis ojos te ven con gran ilusión.
Y es que nuestros cuerpos,
transmiten una gran pasión.

Tu cuerpo y el mío quieren estar juntos.
Me abrazas y se detienen los segundos.
Pones mi mano en tu cintura,
porque sabes que disfruto acariciarte
con dulzura.

Tomarte de la mano sería algo extra,
como la primera vez que lo hicimos,
después de aquella fiesta.

Qué sentimiento más lindo sentí
aquí en mi pecho.
Tus dedos entre los míos
formaron algo bello.
¿Te digo un secreto?,
mi corazón palpita muy rápido
cuando te tengo cerca.

No sé si sean nervios
o algo que tú en mí provocas.
Es lo único que pienso,
en probar tu boca,
estoy lleno de deseo.

Quiero probar tus labios,
sentir que respiras muy rápido
al besarte muy despacio.

Quedarme un ratito, sintiendo tu nariz.
Mientras nos besamos,
abrazado muy juntito a ti.

Me doy cuenta de que
no es solo poder probar tus labios,
lo que quiero sentir al besarte es que estoy volando.
Lo que más deseo es quedarme atrapado
a tu cintura y no dejar de mirar
tus hermosos ojos.

Nada más de imaginármelo me sonrojo,
tu nariz en mi nariz
y nuestros labios haciendo un espacio
para solo
decirte te amo
mi amor.

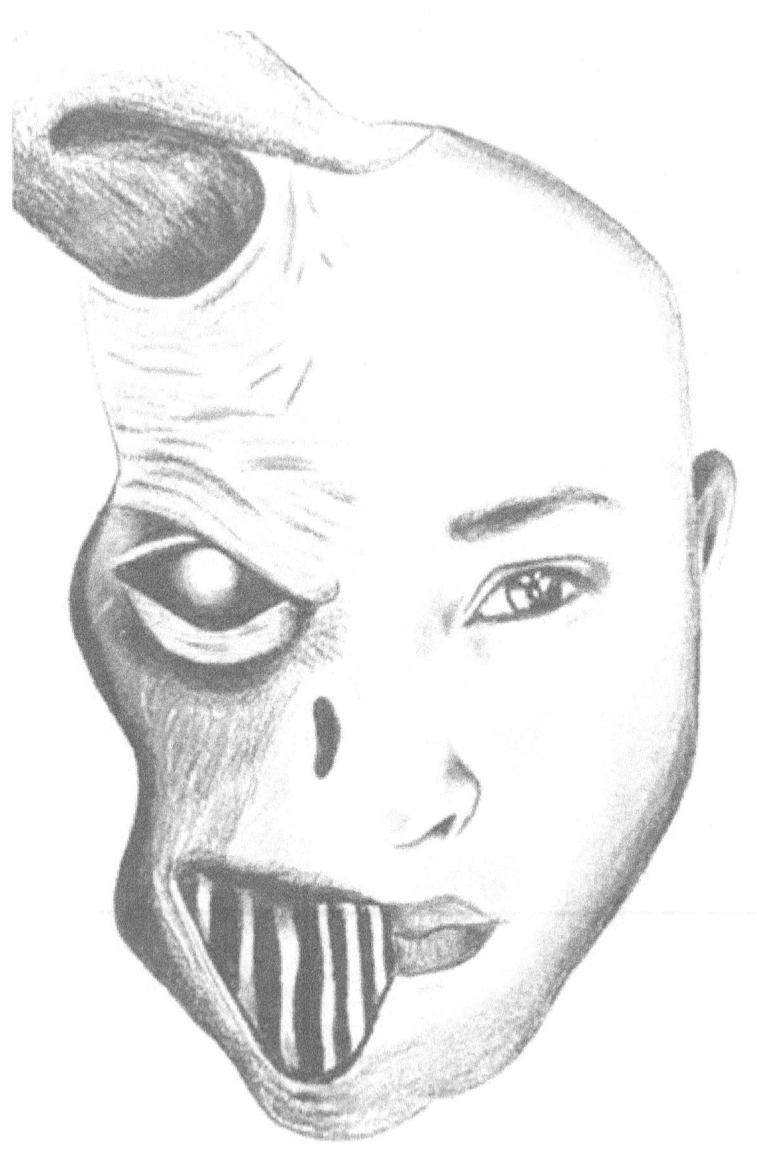

PARTE I

Muy dentro de mi antes yo era así,
lo encerré por muchos años para poder ser feliz,
ahora dime tú que lo lastimaste,
¿cómo te sientes, tienes miedo?,
pero recuerda que fuiste tú quien lo liberaste.

Así que ahora no me vengas a decir que
soy otro y que no me conoces,
porque no sabes cómo tus mentiras hacen que yo goce,
me alimento de maldad y voy a mi supremacía,
voy a hacer que todos me odien
por el resto de sus vidas.

Aquellos que lastiman
y solo dan la vuelta,
no se te olvide que el mal siempre se regresa.

Sangre pura,
pura sangre vas a derramar,
será tanto mi daño que no podrás llorar.

No me retes ni me toques,
no te quiero oír quiero ver si tu valentía puede contra mí.

PARTE II

Tu supremacía de maldad a mí ya no me afecta,
tu ignorancia es la que habla por no tener la mente clara,
culpas y maldices a los que más te amaban
por querer salir a este mundo donde tú representabas
el dolor y el odio.

Pero no se te olvide que estás aquí porque
eres parte de mi ser, pero no te necesito
y lo debes de entender.

Tu maldad lastima y hace daño,
es tu fuerza la que no tiene control
y tu mirada un portal para el odio y la desilusión.

Así que no te creas que tú eres el único,
yo soy quién decido si todavía sigues vivo
o te elimino usando mi poder.

Si ya te he encerrado antes no dudes
lo volveré a hacer.

PARTE III

Por favor no me hagas reír,
recuerda fui yo
quien te creó a ti.
Éramos felices él y yo,
más
cuando tú apareciste todo cambió.

Tú lo lastimaste
por creer en una ilusión
le quisiste dar una esperanza
en este mundo donde no hay amor.

Qué más da si lastimo a alguien por lo que él sufrió,
si de verdad te importáramos estarías de mi lado.
Así que no molestes porque si te pones en mi camino te destruyo,
al fin que tu debilidad no te deja amarnos.

Vamos, acéptalo él no quiere eso,
ya está cansado de soportar a estos humanos
que solo saben mentir
y se burlan en su cara cada vez que él tiene que sonreír
y creer sus hipocresías.

¿Por qué te compadeces tanto?
Si a ti también te han traicionado,
y yo he visto como has llorado,
tú sabes que ella no merece piedad.

XV

Un par de rosas y un perdón,
no es suficiente para contentar a mi corazón.
Por aguantar todas tus mentiras, yo tuve la culpa.
Me dejaba envolver porque
no quería creer que tú no vales nada.

Sí, te amo pero también me amo yo,
y creo que es momento de decirte adiós.

No te sorprenda que tome esta decisión,
la vida contigo se volvió desilusión.

Le doy gracias a Dios por haberte conocido,
y no me arrepiento de todo lo que hemos vivido,
pero lo siento,
tú
me has perdido
para siempre.

XVI

Los millonarios quisieran
comprarte como a una joya.

Los coleccionistas quisieran
tenerte como la pieza más bella.

Yo no tengo dinero
ni tampoco eres mi colección.

Pero una sonrisa mía
se robó tu corazón.

XVII

La vida me regaló una sonrisa,
tu cabello,
tu cintura y tu belleza.

Yo no sé por qué
no te saco de mi corazón,
si ya no estás en mi cabeza.

Tu ternura me atrapó,
será que robó mi corazón.

XVIII

Libre como las nubes así siempre seré yo.
¡Libre como el viento!
No me encerrarás, ¡lo siento!

Así como el mar dejó libre a los ríos y lagunas,
libre siempre seré yo
como el sol y la luna.

XIX

Que mi sonrisa no te confunda,
estoy sufriendo por dentro.

Y que mis heridas no te hagan creer
que ya no hay más amor en mí
no subestimes el poder de mi grandeza.

XX

Las estrellas son hermosas en el cielo y en el mar.
Todas las mujeres son hermosas
no importa su nacionalidad.

Las estrellas en el cielo brillan con luz propia.
La mujer en cualquier planeta
por su propia belleza brilla.

No hay estrella de mar que con la corriente se deslice.

El amor de la mujer
lo lleva la corriente, pero sin prisas.

XXI

¡Te queremos!
¡Eres toda una ternura!
Tú, mujer, le das luz
a nuestros días de amargura.

Aunque no siempre lo demostramos,
nos sentimos más seguros,
cuando vamos de tu mano.

Eres bella y siempre te vamos a querer,
de existir un mejor ejemplo
de lo que es el amor,
lo eres tú mujer.

XXII

Mi sonrisa brilla cuando bailo bajo la lluvia.
Mi cuerpo se mueve con fuerza y dulzura.

Brinco y doy vueltas como una
marioneta y me encanta.

Mojada bajo la lluvia bailo,
con alegría, mi sonrisa brilla.

XXIII

Me despierto con el sol en la ventana.
Cada mañana estás conmigo bajo mis sábanas.

El sol que toca a mi ventana,
tiene a la luna muy abandonada.

Bajo las sábanas te mantengo,
cada día, más enamorada.

XXIV

¡Hola, mi amor!
Amorcito bello de mi corazón,
la fragancia de tu cuerpo me lleva a la locura,
y me encanta cuando me besas con pasión
y con ternura.

Mis manos tu cuerpo quieren recorrer,
mis labios y mi lengua hacen
que mi boca,
tus pechos quieran morder.

Quiero abrazarme a tu cintura
con tanta fuerza, y que me abraces con tus piernas.
Esas piernas tan hermosas que tienes,
y que a mí me encantan,
quisiera tenerte desnuda y por fin besarlas.

Acariciarte toda de los pies a la cabeza
y hacerte el amor mientras me besas.
¡Te quiero, hermosa!

XXV

Mi corazón está marchito
no ha encontrado el amor,
ni ha sentido el cariño
ni la pasión de alguien.

Creo que es culpa mía
porque no me animo a querer sentir otro cuerpo,
otros besos,
otras caricias
que no sean las tuyas.

¡Tengo miedo!, mi corazón ya no siente.

No sé por qué me pasa esto a mí,
yo solo quiero querer,
más, conmigo
juegan.

Estoy cansada de llorar en silencio.
Odio ver a todas de la mano de esa persona especial
mientras yo vivo en soledad.

Creo que es lo único que merezco
por no dejarme amar.

XXVI

Mujer divina, mujer mía
de tus brazos soy ajeno,
pero con el veneno
de tus labios me encadeno.

De tu corazón soy tu dueño,
me posees y siento que soy solo tuyo
que de este sueño no quisiera despertar,
pues tú me elevas hasta el cielo
con tan solo una mirada,
que me haces sentir volando
entre nubes doradas.

Volando cual ave soy,
brillando como el sol.
Fuerte como aquella montaña
que nadie escaló
para continuar mi destino contigo.

¿Eres joven o eres grande?
Es bella tu grandeza por a mí amarme.
No hay noches frías llenas de dolor,
tú esperas por mí siempre
aunque se vaya la luna
y llegue el sol.

La belleza de tu ser me tiene enamorado,
imagino toda una vida contigo de la mano,
en medio de nubes doradas, amándonos.

XXVII

Mi corazón está contento,
como si fuera a explotar.
La princesa de mis sueños
por fin la podré abrazar.

Tanto tiempo esperando por fin este día.
De tenerte entre mis brazos niña mía,
te quiero, te adoro
por darle felicidad a mi vida.

XXVIII

Las palabras más bonitas
son las que no se gritan
son las que tienen poder
de cerrar las heridas.

Las palabras son melodías
que a tu corazón agitan.
El poder de las palabras
es la fuerza que tu alma necesita.

XXIX

¡Buenos días!, le dice la luna al sol,
«me iré a dormir, ¿me esperas aquí?».

El sol le da las buenas noches.
Más, ella pensando la noche pasó
¿qué podía hacer
para pasar más tiempo
con su amor, el sol?

Una mañana al irse se resistió
y en el estruendo de un eclipse
al sol, todo su amor le demostró.

XXX

Tan fuerte es tu mordida
como letal es tu caricia.

Atrapada entre tus besos
y en la fuerza de tu cuerpo.

Entre suspiros y suspiros
más me voy perdiendo.

Mi cuerpo sudado
se enciende de tanto deseo.

XXXI

El arte tan hermoso de aprender
y tan extraño su comprender.

Inspirando corazones
de una y mil maneras.

Con la suavidad del canto,
puede causar melancolías
y provocar el llanto.

Con la seducción del baile,
se pueden provocar miradas
que terminan en amarse.

Recitar poesía en tonos suaves
y tonos graves.

Al final todo es arte
y vas a enamorarte.

XXXII

Lleno de amor por ti voy volando,
como colgado de un trapecio.
Por ti arriesgo la vida
y solo obtengo tu desprecio.

Solo te acuerdas de que existo
cuando derrotada vas cayendo.
En tu último suspiro sujeto tu mano
pues tú haces que yo me sienta vivo.

Sin ti yo no quiero vivir
guardo la esperanza
que un día te enamores de mí.

Entre risas y aplausos
alimentas tu ego
y a mí solo me toca la última rosa
que tiras al suelo.

Ese día lo entendí
no es que no sea digno de ti
si no que tú no me quieres para ti
tú quieres salir de aquí
esto que hacemos ya no te hace feliz.

Me desperté a la mañana siguiente
con una carta en el buró que decía:

Leo, no sé por dónde empezar,
pues fueron muchos años de risas y felicidad.

Pero no soy como tú.

La pasión que tienes por el teatro es increíble
tú puedes darle vida a lo que tú quieras,
yo solo me convertí en la actriz de mi propio drama
ni todos esos aplausos me hacían sentir viva
al final me sentía vacía, no conectaba conmigo misma.

Iré a donde el sol se esconde, a buscar respuestas,
no sé si volveré.
Te quiero Leo.

POEMAS CON NOMBRES

SENTIMIENTOS OCULTOS

¡Qué haces! ¡Me lastimas!
¿Por qué tengo que aguantar esto?
No, esto no es amor
¿por qué lo haces?

¡Espera! ¡Tienes que parar!
Si no paras, comenzaré a gritar.

¡¿Por qué me miento?!
Necesito valor para salir huyendo,
pero cada día que pasa,
me hundo más en este sufrimiento.

Tengo que encontrar la manera,
de que mi voz salga de este encierro.

¡¿Qué me pasa?!
Estoy sangrando, no lo entiendo.

¿Por qué a la infelicidad me aferro?

Pero, este dolor y tú
no podrán conmigo,
con el poder de Dios me libero,
a ti y a tu maldad yo te bendigo
conmigo te equivocaste de enemigo.

AMOR DE PADRE

I

La primera vez que te miré, me impacté.
Provocaste en mí un sentimiento único al verte
nacer,
tu llanto fue como el canto de un angelito
y tenerte en mis brazos
hacen mi vida lo mejor.

Mi corazón tiene mucho amor para dar y
cobijarte en mis manos,
de besos me gusta colmarte.

Disfruto el vivir a tu lado
y sentir cómo llenas
mi mundo de alegría.

Recostada en mi pecho
eres la creación más bella
brillas tanto o más que el sol
y las estrellas.

II

Puede que un padre parezca distraído,
pero
un buen padre siempre
estará pendiente del llanto
de su hijo en las noches
de sus sonrisas y te quieros
de sus peluches,
o personajes favoritos.

Hasta de la sábana con la que arropa a su niño
son pequeños detalles
en la vida de los hijos
que papá tendrá en cuenta.

No te pierdas papá
ningún momento en la vida de tu hijo
y no debes olvidar que, para aprender a ser padre,
nunca debes dejar de ser niño.
Sonríe con la misma alegría que lo hace tu hijo,
si él está feliz es porque tú estás ahí,
así que aterriza que tienes un angelito
queriendo disfrutar de su papi.

REINA DIGNA PARA SU REY

Te vi y me dije:
¡Qué hermosa mujer!
Solo imaginaba
besar tus labios,
con sabor a miel.

Fantaseé tanto,
que tu cuerpo quise recorrer.

Disolviste un beso,
poniendo tu mano en mi boca
y agachaste la mirada muy apenada.

Aquella noche,
el viento helado en silencio soplaba.
Entre susurros escuché que dijiste:
«Tengo miedo de no ser lo que esperabas,
pues estoy marcada por un pasado
que no a todos agracia».

Mi cuerpo era esclavo de los
deseos carnales más perversos
que tan solo el recordarlo me hace avergonzar.

Mujer, solo era tu cuerpo el esclavo, más no tu alma.
Tienes besos para dar y un corazón para amar,
es todo lo que se necesita para ser feliz.

Tu mirada me cautivó desde el momento en que te
miré, tienes miedo a descubrir la felicidad.
Si tu cuerpo ya vivió el dolor,
deja que tu alma lo cure con mi amor.

Bajo el brillo de la luna se rompieron las cadenas de una esclava, para convertirse en una reina.

BELLA

La vida es hermosa, pero tu mirada
y tu sonrisa la hace más grandiosa.
Bella tú alma y hermoso tu ser,
bella tú eres en cada amanecer.
Tu mirada me deja sin palabras,
tu abrazo es cálido porque me amas.

FELICIDAD

El mundo le teme a tu felicidad,
cuando sonríes al cielo haces temblar
y los dioses entre las nubes admiran tu belleza.

Ahí vienen tormentas de oscuridad,
tu alma está tranquila
pues tú tienes alas para volar,
porque encontraste en tu corazón
la verdadera razón de sonreír
y descubriste la única manera de ser feliz.

En tus manos tienes el poder de
la felicidad y le brindas amor,
hasta al que solo te ha ofrecido dolor
y a la noche triste en tus manos
la envolviste y con tanto amor
esperaste el sol y le sonreíste.

REFLEXIÓN

Bajo la lluvia pensando,
¿si desato mi furia con olas
del mar o me quedo calmado?

El peso de mi llanto hace al cielo llover,
la decisión de arrebatármela
aun no la puedo comprender.

Le diste a ella la mayor felicidad,
hiciste que su alma levitara
hasta su cuerpo abandonar.

En estos momentos siento que en esta vida
ya no encajo, no es que sea débil,
solo que este dolor me está haciendo pedazos.

A lo lejos en el cielo oscuro veo
una estrella brillar,
quisiera pensar que es ella,
pero el universo guarda miles más.
Así que, cómo saber que realmente eres tú.

TÚ Y YO

TÚ: ¿Quieres hacer una locura? Vamos a meternos al mar.

YO: Pero cariño, estamos en invierno, ¡te congelarás!

TÚ: Nos congelaremos amor. Tú vienes conmigo
¿o que ¡ya creciste y se te fue la alegría por las locuras!?
Recuerda eras muy aventurero. No decías no a nada.

YO: Sí, pero los tiempos han cambiado, ya no somos los mismos. Ahora me preocupan muchas cosas.

TÚ: Los tiempos no cambian amor, cambia uno y es verdad, ya no somos los mismos y a mí me preocupa que mi esposo se haya ido. O peor aún, dormir con alguien que no conozco.

YO: Tampoco exageres, aún tengo mi lado divertido,
por eso sigues conmigo, porque todavía accedo a tus locuras.

TÚ: Dale que me muero por meterme y que se me congele todo, a ver si así se reafirma algo de todo lo que tengo caído.

YO: ¡No me hagas reír! Ya lo vivido y lo caído están exactamente donde tienen que estar. La verdad yo no quiero que se me congele nada. Si hago esto es por complacerte.

TÚ: ¿Entonces no te quieres meter?
¡¿Solo es por complacerme?!

YO: ¡Pues claro!, ¿quién estaría tan zafada de quererse meter en esta noche helada a las nueve de la noche, en pleno invierno nada más por gusto?

TÚ: Por eso te amo, porque desde que nos casamos siempre has cumplido cada uno de mis caprichos. Cuando estemos adentro te daré un beso para que te calientes un poco.

YO: ¡Treinta largos años a tu lado! Los mejores de mi vida, tus besos siempre me gustaron, me llevan a otra dimensión, solo que ahora con ¡un chocolatito caliente!, sería mejor.

TÚ: Amor, ¡¿tenías que quitarte toda la ropa?! ¡¿Acaso tratas de seducirme?! Creo que, con este frío, te quiero abrazar.

YO: ¿Estás lista?, pásame mi bastón. ¡Qué locuras se te ocurren mi amor! Mira que arriesgarnos a quedar congelados, solo por tener el corazón joven como los aventureros que éramos antes.

TÚ: ¿Sabes amor?, tenemos el gran privilegio de que, a nuestros casi setenta años de estar juntos, de la mano, seguimos haciendo locuras. Hay muchos que no tienen esa oportunidad. ¡Gracias! Porque siempre dijiste que sí a todo, porque gracias a tus «sí» tenemos una historia. ¿Te digo algo amor? ¡Esta agua está muy fría! Ya no me quiero meter.

YO: ¡Ja, ja, ja! Amor, tú y tus locuras. ¡Por eso te amo...!

SOBRE EL AUTOR

Angel González es originario de Acapulco, GRO., México. Ama la poesía; y su siempre despierta imaginación le ha permitido mantener vigentes los lazos con su niño interior de modo que continúa gozando de las aventuras, sueños e ilusiones, en la misma medida, que cuando era un niño. Como escritor busca crear sentimientos que deleiten a los lectores y reflejen la vida.

www.ingramcontent.com/pod-product-compliance
Lightning Source LLC
Chambersburg PA
CBHW071440180526
45170CB00001B/396

* 9 7 8 0 5 7 8 3 8 1 5 8 9 *